KB262463

현대시인 50인 선집

우크라이나의 젊은 여신들

1945
문예림

머 릿 말

우크라이나 현대시의 서막은 1896년 이반 프랑코(I. Франко)의 시적 드라마 '시들어진 잎새'(Зів'яле листя)의 영향으로 전개되어진다. 이후 1907년 '몰로다 무자' (Молода муза)라고 하는 同人 '젊은 여신들' 에 의해 우크라이나 모더니즘의 기류는 본격적으로 형성되고 있다.

본 시집은 이런 무작들(Музаки)이 활동한 20세기초 우크라이나 현대시문학의 태동에서부터 현재 문단에서 왕성하게 활동하는 약 50여 주요 시인들의 작품들을 망라하여 수록하고 있다. 제 3 언어권의 시집을 기획, 출판하는데 있어 아직까지 우크라이나 문학 특히 시문학이 널리 알려지지 않은 국내의 상황을 고려하고 또한 현실적인 지면상의 한계를 감안하여 문인 한 사람에 대한 집중적인 조명보다는 역량 있고 다양한 시인들의 시적 스펙트럼을 담아내려는 취지로 구성하였음을 밝혀둔다.

우크라이나 현대시의 구절과 행렬은 예술적이며 미학적인 항로를 따라 점진적 항해를 해나가기도 했지만 경우에 따라서는 민족과 정체를 드러내는 신념의 낭독이기도 했다. 과거 이념과 검열로 얼룩진 잿빛 문학이 이제 세계화라는 트랜드에 맞춰 대중 문화적 경향으로 포장되고 나아가 다음향적이며 개인적 아이텐티티로의 화려한 이동을 지켜볼 때 사뭇 격세지감이 있다.

여기 모음집에는 초기 상징주의 선언문을 낭독한 오스탑 루츠키(Луцький Остап)에서부터 아방가르드의 효시가 된 미래파, 전간기를 전후로 이주문학을 대표한 프라하학파, 신낭만주의자였던 파블로 티치나(П. Тичина)와 블라디미르 쇼슈라(В. Сосюра),

50년대 뉴욕그룹, 반체재 저항정신의 60세대, 키에프학파와 언더그라운드
는 물론 전환기 포스트 모더니즘성향의 문학적 퍼포먼스 그룹까지 이
모두를 포함하고 있다.
　본문이 내용으로 하는 대표작과 더불어 여기에 곁들인 시인에 대한
간략한 해설과 소개가 시대와 상황을 가로질러 여러 난관 속에서도 절
필하지 않고 써내려간 우크라이나 문인들의 창작정신을 조금이나마 이
해하는데 도움이 되었으면 하는 바램을 가져본다.
이 책자가 나오기까지 도서출판 문예림의 서덕일 대표님을 비롯하여
도움을 주신 모든 분께 감사의 마음을 대신하며 부족한 자식 걱정에
항상 勞心焦思 하시는 사랑하는 어머니께 이 조그마한 시집을 바치고
자 한다.

2012. 10.

滿 가을 정취가 무르익은
10월의 아름다운 왕산 기슭,
동유럽 발칸연구소에서

저자

차 례

우크라이나의 젊은 여신들

유리이 안드루코비츠

우크라이나 서부지역인 이반 프란키브스크 태생으로 오늘날 문단을 이끄는 대표 인기 작가이다. 1982년부터 시인으로서 활동을 시작했으며 문학 그룹, 부-바-부를 공동 창립했다. 우크라이나 작가 연합의 부의장을 역임한 그는 '하늘과 도시의 광장'(1985), '도심'(1989), '이국적 새들과 식물들'(1991)이라는 시집을 출간했다. 이 외에도 '유흥'(1992), '모스코비아다'(1993), '변태'(1996)등 주요 중단편소설을 집필하면서 1996년 우크라이나 주요 저널 '현대' 의 최고 문학상을 수상하였다. 특히 '유흥' 은 1998년 캐나다 우크라이나학 연구기관의 지원으로 영어로 출판되었다. 현재 문학저널 '목요일' 과 '텍스트와 비전' 의 공동 편집인이며 키예프 일간지 '하루' 의 칼럼리스트이다.

*도서관

우리는 가장 은밀한 지식을 찾는다.
더미의 최고점에 도달하기 위해 사다리에 오른다.
거미들이 붙어있는 선반을 샅샅이 뒤진다.
먼지 구름을 일으키며
천장근처를 맴돌며
우리는 숨을 참는다. 그리고 겨우 균형을 유지한다.
공중을 나는 체조 선수와도 같이
여태껏 조금의 희망도 보이지 않았던
가장 두꺼운 책 속으로 우리는 다이빙한다.
책들은 바다와 같이 우리를 집어 삼킨다.
우리는 한 조각 모서리의 돌출부를 붙잡는다.
어떻게든 가까스로 지탱하기 위하여 -
그러다 숨이 가쁘고 힘이 소진될 때 석고 뚜껑을 닫고 만다.
벽을 향해 정렬하여 꽂혀있는
제본된 하드커버와 가죽으로 양장된 덤불속에서
우리는 발견한다.
평범한 제비의
둥지와도 같은
따스한 그 온기를

엠마 안디예브스카

1931년생으로 시인이자 소설가 겸 화가. 우크라이나 작가 연합의 기관지 '말'의 창단 멤버였다. 뉴욕 그룹의 멤버로 2차 대전 당시 이주하여 독일 뮌헨에 거주했다. 1951년 모음집을 시작으로 '우상의 탄생'(1958), '생선과 크기'(1961), '폭풍우'(1964), '본문 없는 노래들'(1968) 등 14권 이상의 시집을 집필했다. 그녀는 또한 여정(1955), 호랑이들(1962), 좋은 사람에 대한 소설(1973), 인간의 운명에 대한 소설(1982)을 포함해 다양한 산문작의 저자이기도 하다. 초현실주의 화가로서 미술계에서도 그녀의 명성은 확인된다.

***우상의 탄생**

악한 괴물들에게서 뜯겨 나온 것처럼,
원시적이고 석회암과 같은 피가 흐른다.
그는 누군가의 호의를 받지 못하고 아직 혼자다.
그의 이마는 어둠에 쓰러진다.

보리수나무로 들끓는 세상을 바라본다.
땅속에서 치열한 지열이 피어난다.
자연에서 평온이 쪼개져 나온다,
하지만 야수들은 발이 없었다.

작은 말들 위에 비추는 후광,
꿈의 한가운데에서 점점 커진다.
개들은 달빛 너머로 몸을 씻고

그건 파우누스 개의 그림자를 보는 것이다.
세상의 법칙, 그것은 적용되어야만 한다,
만약 그것을 태울 용기가 없다면.

보흐단 이호르 안토니츠

1909년 남서부 렘코지방에서 태어난 시인이자 에세이 작가. 안토니츠는 30세 남짓 짧은 생을 살았지만 우크라이나 시문학의 발전에 커다란 기여를 한 문인이다. 특히 그가 구사한 독특한 시어와 신선한 어휘는 문학사의 독보적 반열에 올라 있다. 1960년대, 그리고 1980년대 우크라이나 다수의 시에서 드러나는 그에 대한 평가와 반향은 이 같은 사실을 뒷바침한다. 당대 서부 우크라이나에서 지배적이었던 민족주의적 경향시와는 반대로 심오한 형이상학적인 문제에서부터 평범한 일상생활까지 폭넓고도 세련된 주제를 섬세한 필치로 다루고 있다. 안토니츠의 접근은 그야말로 고상한 미적 원칙을 고수한 '예술을 위한 예술'이었다. '삶을 향한 인사'(1931), '세 개의 반지'(1934), '사자의 책'(1936)등에서 이러한 미학적 자취는 쉽게 엿보인다. 1932년의 종교에 관한 역사적 주제를 다룬 '웅장한 하모니' 라는 작품은 1967년 뒤늦게 뉴욕에서 발간되어 독자들의 호평을 받았다.

*자화상

빨갛고 은색의 수목들
그 위에 봄과 바람.
이해할 수 없는 단명의 아름다움,
네가 들뜨지 않는 것이 가능할까?

뭔가에 홀려 몇 개의 동전을 가지고
태양에 견실한 삶을 팔아버린,
나는 영원히 도취한 이교도이자,
봄에 도취한 시인이다.

*봄

안토니츠는 자란다.
포플러는 녹음이 우거진다.
구부린다, 조금 구부린다:
마법 같은 단어들이 하나의 의미를 가진다.

4월의 봄비가 우리를 흔들지 않는가...
하늘은 깨진 접시.
누가 잎들을 무성하게 만드는가?
당신은 그물로 비를 잡을 수 있는가?

강력한 낯선 소리들이 숲에 구멍을 낸다.
별들이 발사되고, 밤은 빛을 낸다.
오리나무위에 뻐꾸기들이 달에서 나와 구구거린다.
안토니츠는 자라고 풀도 자란다.

바실 바르카

1908년 출생한 폴타바출신의 시인, 소설가이다.
1930년도에 첫 번째 시집인 '오솔길' 을 발표하
고 권력에 의해 '계급의 적' 으로 낙인찍혔다.
그 후 방향을 선회, 차기작 '길드'(1932)에서는
이념적 색채를 담아 비판을 피하게 되지만 스
탈린의 공포주의 시기에 다시 절필하였다.
1930년대 말 모스크바 대학원 재학시절 소련군
대에 징집되었으며 나찌의 포로 수용소에서도
창작을 지속하였다. 첫 번째 소설 '파라다이스'
를 독일 아우구스부르그의 캠프에서 집필하였고
1953년에야 출간되었다. 그의 작품들은 언어의
공감각적 조화와 풍부한 문체를 앞세워 종교성
의 극치를 보여준다. 이로 인해 독자와 비평가
들로부터 난해하다는 평가를 받기도 한다.
1950년에는 미국으로 이주, 뉴욕에서 생을 마
쳤으며 주요 시집으로 '사도'(1946), '하얀 세상
'(1947), '대양'(1959) 등이 있다. 또한 작가는 '
노란 공주'(1963)라는 1933년 대기근을 소재를
다룬 다큐 형식의 소설로도 잘 알려져 있다.

***방랑자**

승리의 날, 나는 침묵을 지킨다
나는 잿더미다; 불길의 의미 없는 잔재.
나 홀로 자신을 찾을 것이다.
바닥에 적의 하인을 겨냥하듯이 이제 쏴라.
내 고향이 전쟁이라는 광기를 상대로 소송을 제기할 때
나는 진실을 전한다.
홀로 강둑을 따라, 죽어버린 건물들을 헤매 돌아다닌다.
방방곡곡 교회의 수많은 애도 소리가 기적에 대해 속삭인다.
이쪽 강둑을 따라 양귀비들이 반짝인다.
저쪽 강둑을 따라 축복 받은 수레국화가 흔날린다.
내 심장에는 고뇌의 칼이 있다.
마차가 지나간다. 그 안에 한 어린이;
전답에 심어진 나락의 머리를 한 채 반짝이는 눈을 가진
너는 세상에서 가장 현명한 존재
먼 발취에서 축복받은 세상을 평화롭게, 비범하게,
사랑스럽게 바라보는 천사
골짜기야! 너는 누구에게 속해 있는가?
구원의 신호가 전달된 이 모두는 과연 누가 지배하는가?
승리의 그 날은 아직 기약이 없다.
슬픔 ; 6월 해안 위 도로위에

미콜라 바잔

1904년 우만 태생의 시인이자 번역가. 그는 키
에프 국제관계대학를 졸업했다. 1920년대 문화
의 중심지 하르키우로 이주하여 1923년 본격적
인 문학 활동을 시작하였다. 특히 동료이자 문
화계 거장이었던 산문작가 미콜라 흐빌로비, 극
작가 레스 쿠르바스 그리고 영화감독 올렉산드
르 도브젠코와 교류하면서 상호간 영감을 주고
받았다. 다작의 시인으로서 17번째 순찰'(1926),
'조각된   그림자'(1927),'건물들'(1929),   '길
'(1930)등을 남겼는데 이러한 초기작들에서 우
크라이나 모더니즘의 정수를 보여주고 있다. 시
적 스타일은 미래주의, 바로크, 표현주의, 낭만
주의를 혼합하여 총체적인 재구성을 시도하였
다. 바잔은 정치적으로 1930년대 이후 스탈린
권력을 지지하며 정권의 주요 대변인의 역할을
했다. 스탈린을 위하여 서정 단시를 쓰기 시작
했고 이를 공로로 수차례 스탈린과 레닌 상을
수상했다. 우크라이나 소비에트 회의 멤버였으
며 유엔을 방문하여서는 우크라이나 공화국 대
표단의 연사이기도 했다.

***포로 여인의 피**

갈기가 많은 한 말이 마구간에서 자신의 말굽을 친다.
잘 다듬어진 여물통 밑바닥에
흥분한 암말의 달콤한 우유가 흐른다.
말 잔등의 옆구리에는 야생의 짠 내가 풍기고
전사들은 죽음을 느끼지 못하고 곤히 잔다.
다듬어지지 않은 큼지막한 나무들
사자의 단단한 근육의 몸통처럼
땅 속에 들어앉아 움직이는 않는 거짓말들,
캠프파이어용 풍성한 관목들이 지면에서 타고 있다.
조각조각 사연을 담아 엮어진
한 아름, 풍만한 꽃봉오리 가슴처럼
연기는 피어 나와 공중으로 흩어진다.

용맹함을 떨치며 땀으로 흠뻑 젖은
우크라이나 인질의 시체위에 물이 뿌려진다.
아침까지 목구멍엔 함성으로 메아리쳤다.
부식한 몽골 과일은 그들의 처녀 자궁 안에서 자랄 것이다.

세월이 가고, 유목민들은 영원히 번성했으며
불안 속에서 기억의 화살은 썩어버렸다.
세기는 지났지만 종족은 보존되었다.
성숙하고 탄력 있는 정액의 피
타타르를 비춘 모닥불의 검은 연기처럼
진중한 언약을 사랑했다.
강인하게 키우고 걸쭉하게 피를 끓였다.
그리고는 무한대의 광활한 대지에서
아량 있고 정직한 마음으로 우리는 만났다.

나탈카 빌로체르키베츠

중동부지역 수미출신의 시인이자 비평가. 대학에서 언어학을 전공한 그녀는 13세에 "당신의 모국어에 대한 이야기" 라는 시를 우크라이나 신문에 발표하면서 일찍이 스포트라이트를 받았다. 대학시절이었던 1976년 첫 번째 시집인 '무적의 발라드' 를 출간하였다. 우크라이나 작가 연합에서 활동한 최연소 멤버로 '내 마음의 땅 속에서'(1979), '지하의 불'(1984), '11월'(1989), '알레르기'(1999)등을 책으로 펴냈다. 1991년 미국의 문학 저널 '아그니' 는 체르노빌 재앙에 대한 고발형식의 장시, '5월' 을 최고의 시로 선정하여 집중 조명했다. 르비우의 무대를 위주로 활동하는 음악밴드 '죽은 수탉' 은 그의 시집에 실렸던 '우리는 파리에서 죽지 않을 것이다' 를 노래로 만들어 1992년 '체르보나 루타' 라는 우크라이나 국내 음악상을 수상하기도 했다.

* 칼

칼,
빵을 자르기 위한.
플루트를 만들기 위한 칼.
늑대에 의해 상처 입은
어린 양을 죽이기 위한 칼.
칼로 벌거벗겨지고 손질된 乾魚는
이미 노고의 땀으로 씻겨져
일요일 식탁의 수프속에서 수영한다.

자비와 눈물의 기호
이걸 인정하는 끄덕임 없이
그것을 만지지도 마라.

이것은 멜로디를
잠재운 칼이다.
단순한 언어가 아닌 -
이것은 말을 넘어선 시이다.
여기 창공에 번득이는 칼날이 초목을 베어낸다.

보흐단 보이츄크

1927년 태생의 시인, 극작가 겸 번역가이다. 2차 대전 전후 나찌 수용소에서 벗어나 1950년 미국으로 이주하였다. 폐결핵으로 뉴욕인근 요양원에 입원중, 자신의 문학적 재능을 발견하고 뒤늦게 창작에 입문하였다. 뉴욕그룹을 공동 창립했으며 뉴욕과 독일에서 잡지 '현대' 를 발간한 편집인이었다. 그의 시는 자유로운 신경향과 서구적 감성을 적극 수용하여 창작에 응축시킨 특징을 가지고 있다. '고통의 시간들'(1957), '사랑의 기억'(1963), '멕시코에 관한 시' (1964)를 포함해 8개의 시집을 발간했는데 처음 7개의 시집은 이주 당시 나왔으며 8번째는 키예프에서 나왔다. 희곡으로는 '2개의 드라마'(1968)가 있으며 B. I. 안토니츠와 I. 드라츠 등 걸출한 우크라이나 작가들을 영미권에 소개했다. 한편 미국 시인, 스테넬리 쿠니츠와 데이비드 이그나토프의 작품을 우크라이나어로 번역했다. 최근 뉴욕과 키예프에서 동시 발간되는 문예지 '스비토-비드' 의 편집장이다.

*거울

매일 너는 거울을
추하게 만드는구나.
거울은
너보다도 더
너를 드러내주는구나.
그래서 너 자신의
내면을 곱절로 알 수가 있다.
싫증난 유리의 표면이 너를 토해낼 때 까지
사랑받지 못하고
사랑하지 않았고
그래서 누구도 원하지 않은
너를

*풍경

풍경은 너를 통해 스쳐 지나간다.
너의 오른쪽 장갑에 비친 그림자가
너의 왼쪽 손에 스며든다.
차가운 달빛과 함께
지평선의 들판으로 너를 당긴다.
수평의 도로와 운하들
수직의 건물과 조명들이
너를 지나 달려 나간다.

네가 만난 모든 것에 너는 분할되었다.
네가 사랑한 모든 것에 너는 빚을 졌다.

흐리츠코 추프린카

체르니히우 태생의 시인. 20세기 초 '우크라이나의 안식처' 라는 저널에서 창작활동을 시작하였다. 음악적 리듬과 음운적 장식을 즐겨 사용하여 대중적 인기를 모았던 시인이다. 1919년 볼셰비키에 대항한 집회에 참여했다는 이유로 비밀경찰인 '체카'에 의해서 1921년 살해되었다. 대표작으로는 '불꽃(1909)', '허리케인(1910)', '꿈의 초원(1911)' 등이 있으며 사후 1926년에 프라하에서 그리고 1963년에 토론토에서 모음집이 출간되었다.

*딸랑 딸랑

우리가 불러낸 빛나는 천상의 요정
농담으로 던진 양털같이 가벼운 시 구절
아니면 슬픔을 위로하는 엄마의 달콤한 미소와도 같은
작고 간결한 짧은 시 구절
사상과 무게가 없는 한 구절
사랑도 증오도 없는 한 구절
높은 곳에서 불어오는 산들바람의 상쾌함이 느껴진다.
환희의 구절, 딸랑 딸랑에서
슬픔은 우리의 시야로 분명하게 드러난다.
소리는 흘러 진주로 만든 미소 속에서 물결친다.
나의 상상의 나래가 펼쳐지는 그것들
요정의 입술에서 나오는 엉성한 귀여운 것들
그럴듯한 형태를 지니고
다채로운 카나리아 톤으로 노래한다.
삶에 대한 환상이 공기 속에서 회전한다.

이반 드라치

시인이자 수필가, 시나리오 작가로 80년대 까지 문단에서 왕성히 활동하였다. 키에프와 모스크바의 대학에서 수학한 60세대 작가 중 가장 출중한 인물이었다. 1989년 우크라이나 민족 운동 '루흐' 의 발기인이자 첫 번째 수장으로서 문화계만이 아니라 정치계에도 발을 들여놓았다. 독립 이후에는 우크라이나 정보정치 위원회의 회장직을 역임하기도 했다. 작가로서도 대성한 인물이었다. 1967년에는 최고 문학상인 쉐브첸코상을 수상했고 1983년에는 소비에트상을 거머쥐었다. 대표작은 '해바라기' (1962)' '마음의 결절'(1965)', '샘터로(1972)', '뿌리와 왕관(1974)', '시시포스의 칼 (1999)' 등이 있는데 드라치의 시는 현대성과 동시에 우크라이나의 전통성에 기반을 두고 있다. '과수원 램프'(1978) 라는 제목으로 미국시를 번역하기도 했으며 또한 영화 제작자이기도 했다. 첫 시네마로 '갈증을 위한 우물'(1967)이 있다.

***해바라기**

팔 다리를 가진 해바라기는
거친 초록 빛 줄기도 지녔네.
바람과 경주하며
배나무를 올라갔네.
셔츠에 잘 익은 배를 채우고
방앗간 근처에서 수영을 즐기네
그리고는 모래위에 누워
새총으로 참새들을 겨냥하네.
그리고는 귀속의 물이 떨어지게
한발로 깡충 뛰네
금빛 물보라가 출렁이는
해를 문득 바라보네
아름다운 황갈색의 태양이
무릎까지 늘어진 빨간 셔츠위로 내려왔고
구름 언저리를 막 지나치는
자전거에 동승했네

수 년 동안, 수 세기 동안, 금빛 꿈결 안에
해바라기는 조용히 꼼짝 않고 있었네:
"내게 자전거를 태워줘요", 삼촌!
뒤에라도 앉게 해주세요!
삼촌, 부탁이예요!

시는 나의 오렌지 빛 태양!
소년은 혼자 계속해서
해바라기를 찾네.
그리고는 영원히 해바라기로 바뀌었네.

이반 프란코

시인이자 작가 겸 사회운동가. 낭만주의시대 타라스 셰프첸코 이후 우크라이나를 대표하는 위대한 작가이다. 20세기 전환기 우크라이나의 정체성 형성에 지대한 영향을 미친 민족지성으로 평가받는다. 비엔나 대학에서 수학, 그곳에서 철학박사학위를 받았으며 우크라이나로 돌아와 '쿠르에르 르보프스키' 등 당대 유수한 언론과 여러 문예 잡지의 편집장으로 활약하였다. 전통과 현대의 가교적 역할을 담당했던 문인으로서 사실주의에 입각한 그의 소설은 높은 수준의 사회의식을 담아내고 있다. 창작의 초점은 특히 일반 민중이 겪는 고통에 대한 고발에 있었다. 19세기 프란코의 서정시는 '시들어진 잎새(1896)' 와 '나의 에메랄드(1896)' 에서 가장 잘 표현되고 있으며, 철학적 사상에 담긴 장시(長詩)에는 '카인의 죽음(1889)', '이반 비쉔스키(1900)', '모세(1905)' 등이 있다.

*봄의 엘리제

봄이여! 당신은 나를 괴롭히는군요!
4월의 햇살, 따스한 애무는 나를 무아지경으로 유혹하네요.
하늘 저 멀리 당신은 나선 모양의 하얀 조각구름들을 던져놓고는
회색의 목초지를 코발트 빛 천국으로 바꿔놓았지요.
실타래에 휘감긴 실크들을 풀어헤치듯 은색의 빗방울을 뿌려주네요
두루미의 숭고한 대형에는 표현할 수 없는 슬픔이 서려 있어요.
우주 저 멀리의 꿈, 세월의 비전은 떠나가고
백조의 날개를 가지고 당신은 크리스탈과 같은
물을 가르며 나아가지요.
수면에서 퍼런 강물 소리가 들려오고
그렇게 파도를 스쳐 지나가는 갈매기 같은 당신을 바라보아요.
드네스테르의 뚝 위에 강물을 향해 자라난 갈대와도 같은 당신

봄이여! 당신은 나를 괴롭히는군요! 수백만 가지의 색채와 빛으로,
당신이 드러내는 선과 무늬, 자유와 움직임 그리고 생명까지도!
당신의 깊은 곳으로 나약한 잎사귀 같은 내 영혼을 가져가세요.
쇼킹한 센세이션으로 시들었던 동맥들을 깨워주세요.
나의 소멸을 회생시켜줄 희망으로요.
주인 없는 둥지는 약한 가지 위에서 흔들릴지도 몰라요.
입김을 넣어 벽난로의 사라져가는 불씨를 되살리 듯
당신은 나를 신록의 숲으로 이끌어요.
숲에서 떠돌아다니는 나,
산토끼와 같이 향기에 도취되어 깊게 빠진 내가 아닌,
당신이 모아왔던 친구와 동료들이겠지요.
심장은 여전히 고동치고 가슴은 맹렬히 타올라요.
하지만 세월의 무게가 짓눌러요; 무덤이란 삶의 짐이죠.
미쳐 날뛰는 말의 무리와도 같이

꿈은 기억의 들판을 짓밟아 달려오고 있어요.
바람 안에서 영혼은 헤매고 울며 발을 구르네요.
가볍게 날개 짓하는 꿈들이 아니고
그것은 변덕스러운 아이들의 감정이에요.
무언가 제어하는 묵직한 손, 통제하는 무거운 고삐!
채찍의 소리가 나요, "더 이상은 안 돼, 이젠 영원히!"
수고와 매력은 모두 과거이겠죠!
봄이여! 당신은 나를 괴롭히고 있군요!

바실 헤라시뮥

시인이자 시나리오작가 겸 국영 라디오 방송국 프로그램 제작자로도 활동하였다. 키예프대학 언어학과를 졸업한 후에는 드니프로 출판사에서 근무하기도 했다. 80-90년대 영향력 있는 문인으로서 국제 문학 콘테스트 "흐라노슬로브"의 의장직을 맡기도 했다. 작품의 주요한 테마는 후쭐로 그가 어린 시절을 회상하며 산골마을 프로쿠라바를 자주 묘사하고 있다. 카르파티아 산맥의 원시성과 민속적 색채들을 인간미와 함께 시어에 잘 녹여내고 있다. '냇가'(1986), '코스마츠키 패턴' (1989), '공포의 아이들'(1991) '카르파티아 산맥의 가을 개'(1998)의 저자이다.

*첫 눈

피를 진정시킨다. 걸음을 진정시킨다.
산은 더 높아 진다.
첫 눈은 고통스런 예언자처럼 내린다.

한동안 숨쉬기 얼마나 힘들었던가!
이제 주위는 온통 새롭다!
조각나고, 헐벗은 맨발이
빈 어둠속에서 움직여 표적을 남긴다.

눈은 떨어진다. 작은 언덕처럼 쌓인다.
비록 육신이 없어 숨을 쉬고 있지는 않지만
입술 위에 검지 손가락이 놓여 있다.
죽은 사람의 차가운 신화와도 같이

그래 그것은 탄생의 寒波일 거다.
안도감이 찾아온다.
첫 눈이 나의 손짓 하나로 떨어진다.
아마도 처음으로 이렇게

바실 홀로보로드코

우크라이나 동부 루한스크에서 태어났으며 도네츠크와 키에프에서 수학했다. 1963년부터 활동했는데 상상력이 풍부한 60년대 대표 작가이자 우크라이나 20세기의 주요한 문인 중 한 사람이다. 1986년까지 10여년 이상 그의 작품은 출간이 금지되는 난관에 봉착했지만 이후 꾸준한 창작을 통해 1994년 영예의 세브첸코 문학상을 받은 바 있다. 1965년 기획된 그의 첫 데뷔 시집은 검열에 의해 취소되었고 초기작 4권이 하나로 묶여 데뷔작의 원 제목, '비행하는 창문'(1970)이 미국에서 출간되었다. 1994년에는 詩作의 정수를 모아 북미에서 발매되었다. 해금 이후 '나날이 초록이다'(1988), '크리스마스의 불두화나무'(1992), '수놓인 셔츠의 문자'(1999) 등을 남기고 있다.

*그녀의 이름

언젠가 네 이름을 맞춰 보라고 말했지.
난 할 수 없었고
너를 그냥 '물'이라고 불렀지.
강물인 너를 쫓는 것은 결코 돌이킬 수 없는 거였지.
그때 너는 물이 아니라고 말했지.
그제야 난 널 '풀'이라고 불렀고,
너는 웃었지.
너는 나의 마지막 잎새, 초록의 길을 닦아주고 밝혀주는 -
그래서 난 너를 찾아야 할 곳을 알게 되었지.
"이제와 난 고백한다. 우리가 입 맞춘 후
너를 새라고 불러야 했음을 -
네 손이 하늘로 훨훨 비상했음을 -
너의 이름을 결단코 추측하지 않을 거야.
너에 대한 어떤 것도 상상하지 않을 거야.
난 오직 물과 풀과 새에 대해서만 알고 있으니까.

나자르 혼차르

이반 프랑코 대학을 졸업하고 르비우에 있는
레샤 쿠르바스극장에서 연극배우로 활동했다.
1948년 이반 루축 그리고 로만 사드로브스키와
함께 시 문학 조직인 '루호사드 '(초원의 과수
원)를 만들었다. 현대시 그룹인 '운동가'의 회원
으로도 참여했으며 1989년 부-바-부 문학상 중
올해의 시문학상을 수상했다. 혼차르의 작품은
문학으로 그치는 것이 아니라 퍼포먼스가 가미
된 공연 예술적 특징을 가지고 있다. 수필도 집
필했으며 대표시집으로는 '보편적 순간의 법칙'
과 1996년 발간된 'LuHoSad' 시선집이 있다.

*전차 안 자화상

전차를 타고 있다.
창문 밖을 응시하며
전차를 타고 그곳에 가고 있다
나 자신을 보면서,
그곳에 나는 있는 그대로인 나다
너는 그 길을 볼 수 있다,
세상인
나를 통해
나는 미소 지었다
나 자신에게 그리고 세상에게-
나는 두 번 미소를 지었다.

*프라이팬에서 자화상을

프라이팬을 뒤집는다.
그리고는 튀긴 감자를 먹는다.
그것들을 다 먹는다.
너는 기름진 팬의 밑바닥에서
나를 볼 수 있겠지.
그리고 이외에 무엇을 볼 수 있는가?
갑자기 코츄빈스키의 소설인 인터메쪼가 떠오른다.
너는 읽어본 적이 있는가?

스비아토슬라브 호르딘스키

시인이자 문예관련 비평가였고 동시에 성화를 그렸던 유명한 화가였다. 유리 브레비라는 필명을 사용했으며 총 저술한 12권중 7권은 1933년-1939년 사이에 우크라이나에서 출간되었고 나머지는 크라쿠프 , 뮌헨, 뉴욕에서 각각 발간하였다. 30년대 왕성한 활동을 보이면서 '색채와 라인'(1933) '허리케인'(1936), '들판위의 바람' (1938), '산맥의 전설'(1939)등을 발표하였고 이민 이후 폴란드와 독일에서 '대낮의 트럼펫'(1940), '첫 물결' (1941), 작품선집(1944), '불과 돌개바람에 의해서' (1947)등의 시집을 냈다. 1989년에는 뉴욕에서 전체 작품들을 아우르는 컬렉션을 출간했다.

*무제

숲 속에 드러누운 후에야
황금 빛 광경을 겨우 느낀다.
아! 네 마음, 저 멀리 우리를 부르는
목소리를 듣는다.

수평선 뒤에 숨어서
불빛의 날개가 아우성치면
너는 다시 불타오를 것이다.
빨갛게 격렬히 달아오르며...

*도시

푸른 어둠 속에 지난날 명백한 순간들은
파편들로 가득 차 있다.
(요새의 성벽을 따라 걷는 동안 어제 키스의 흔적들을 보았다)

어둠에서 장엄히 솟아 오른
우아한 르네상스, 정열적인 바로크 교회의 지붕 위로
너의 눈꺼풀은 높이 들어 올려졌다.

시장의 광장, 육중한 석조 건축들이 줄 서 있는 곳에
창문들이 검은 처마의 눈썹들을 치켜 올리고,
수세기의 어둠속을 들여다보면
여전히 피드코바1)의 마지막 함성소리를 들을 수 있다.

성문 근처 단단한 방벽 뒤에
침울하고 성난 사자들이 완고한 자세로 기다린다.
미래에 너의 시선과 마주칠 것을 상상하고는
치욕의 날들을 계획하면서

---

1) 우크라이나 문학 작품에서 주로 '편자'로 소개되고 있으며, 우크라이나 민속
   무용에서는 편자를 이용하여 트라이앵글 소리를 내고 있다.

페트로 카르만스키

폴란드 태생의 우크라이나 시인으로 몰로다 무자의 멤버였으며 문예 주간 "우크라이나 농부"의 발행인이었다. 1903년 이태리 바티칸 가톨릭대(1903)와 1907년 르비우 대학교를 마쳤다. 1차 대전 직전까지 교사로 일했으며 이후 카르만스키는 북미와 중남미에서 외교관으로 활동하였다. 시집 '자살이란 포트폴리오로 부터'(1899), '우리는 어둠의 바다로 항해하는 중이다' (1909), 그리고 '알 프레소'(1917) 등 초기 작에는 우울하고 비관적 경향이 나타난다. 하지만 '태양으로' (1941), '영롱한 길을 따라'(1952) 등에서는 이전과는 다른 밝고 경쾌한 면모를 보여주고 있다. 특히 언어적 재능을 기초로 주로 이탈리아어 번역에 많은 공을 들였다.

***무제**

포도덩굴의 품안에서 하얀 라일락이 잠들었다.
그리고는 중독적인 벌꿀 술의 향을 풍긴다.
졸고 있는 상록수에서 산들바람이 눈물을 떨구고
풀과 잔디의 융단을 적신다.

모슬린과 벨벳은 산의 경사에서 이미 물러나고
황혼이 달콤한 평화의 주문을 쏟아낸다.
백일몽의 물결이 신화를 마구 속삭인다.
말없는 신비한 열망을 불어넣는다.

자고 있는 거니? 나의 사랑!
이제 수심의 밤에서 깨어나라.
졸졸거리는 시내와 노래하는 꽃들을 바라보라.
일어나라 하얀 새야! 너의 귀여운 눈을 떠라.
그리고 들어봐라! 내 사랑이 흐느껴 울고 있는 것을...

흐리호리 코축

체르니히우 출신의 시인이자 출중한 번역학자였
던 그는 고대 희랍어, 영어, 불어, 폴란드어, 체
코어 등에 능통하였다. 1932년에 키예프대 졸
업후 외국어를 가르쳤고 통역에 일생을 바쳤다.
1941년 이후 우크라이나 볼린지방, 비니챠 등
지의 대학에서 우크라이나문학과 세계문학을 담
당했다. 1945년 그는 "반소련적 선동과 선전"
이라는 명목으로 10년간 시베리아에 있는 인타
광산에서 10년간 유형생활을 보냈다. '체코슬로
바키아 시집(1964), 번역시집 '메아리' (1969),
'인타의 수사본' (1989)이 있다. 1960년대 후반
그는 공개적으로 우크라이나 지식인들이 겪는
비밀재판에 대해 시위했는데 이 때문에 80년대
중반까지 핍박받아야만 했다. 현재 이반 프랑코
리비우 국립대학의 통번역학과는 그의 이름을
명명하고 있다.

*번역가

외국 작품 속에서 넌 돌아다닐 것이다.
마치 미친 듯 동요하며 너만의 것을 찾기 위해
낯선이의 기쁨 안에서 기뻐할 것이다.
혹은 낯선 이의 고통 그 모든 것에 괴로워 할 것이다.
넓은 세계에 남겨둘 수 있는 모든 것을 너의 심장에 제공하며
초원에 핀 낯선 라임들을 뿌리채 뽑으며
빼앗긴 꽃을 찾으러 낯선 땅을 향해 달려 나가며
너의 힘이 다할 때까지 마법을 사용할 것이다.
네가 지루하게 짜놓은 마법의 작품들
스스로 이 단어들을 모으기 위해 그리고 그것들을 가져가기 위해
신조어들을 선택해가며
은신처를 지키려 뒤얽힌 뿌리들을 만들기 위해
융단처럼 직조된 정밀한 묘사를 위해
세련된 복장으로 차려 입고
새롭게 조합된 얼굴들을 보여줄 것이다.
단테의 3운구법의 꾸준한 행보
셰익스피어 소네트의 유창한 진행
그리고 베틀렌을 위해서는 그림자의 깜빡임을 -
광적인 비상 중에 있는 힘껏 능력을 발휘한다.
메라노 도시를 타고 저 높은 하늘 위를 날며
청마들이 뛰노는 희미한 광경들을 포착한다.

빅토르 코르둔

46년 지토미르 태생이며 키에프에서 보낸 학창 시절 정치활동에도 가담하였다. 1971년 키에프 예술대학을 졸업한 후 출판사의 편집인으로 종사하면서 꾸준한 작품 활동을 지속하였다. 1960년대 말에 키에프 학파의 대표로 문학 논쟁에 참여했으며 활발한 저술로 티치나와 소슈라 문학상을 수상했다. 출간한 작품으로는 '영감의 땅' (1984), '불타는 관목' (1990), '여전히 서 있는 태양' (1992), 그리고 '딱다구리의 냉담한 노크' (1999) 등이 있다. 그의 시적 언어는 초현실주의적인 특징이 담겨있는데 특히 '순백의 찬송가' 라는 시집에서 몽환적인 운문의 형태가 보인다.

*외로움의 찬송가

신은 나를 버렸다.
나는 가는 방법을 모른다. 그저 뒤에도 안개, 앞에도 안개
아마도 그래서 인류가 이슬로 변했나 보다.
아마 전 세계가 회색 이슬비로 응축되어나 보다.
내가 누구에게 전화할까? 아무도 듣지 못할 것이다, 아무도 대답하지
못할 것이다.
나는 나 자신을 느낄 수 없다. 만질 것이 없다.
연락할 사람도 없다.
내가 어떻게 할 수 있을까? 아무 것도 그리고 아무 곳도
어떻게 내가 여기에 있지 않음을 확신할 수 있을까?
모든 주변에 무언의 슬픔이 있다 :
신은 나를 버렸다.
나는 어디로 돌아갈지, 어떻게 조치를 취할지 모른다.
이제야 나는 단 하나, 유일한 피난처가
그의 이름안에 있음을 깨닫는다 :
나는 사막에서 그를 본다.
그는 거대한 돌 위에 앉아있다.
그의 손에 새로운 버드나무가 있다.

리나 코스텐코

1930년 태어나 현재도 활동중인 당대의 대표적 여류 시인이다. 그녀는 특히 60세대 그룹의 걸출한 문인으로서 줄곧 사회주의적 사실주의에 반대한 입장에 있었다. 이런 이유로 1965년부터 1977년까지 수차례 출판이 제한되었지만 항해(1958), '마음의 방랑' (1961), '영원히 흐르는 강가에서' (1977), '유일무이'(1980)등 그녀가 집필한 책들은 베스트셀러에 이름을 올리고 있다. '마루시아 추라이' 라는 서사시로 1987년에는 세브첸코 문학상을 수상했으며 1990년 집필한 작품 '녹지 않는 조각이 있는 정원' 으로 B. 안토니츠 문학상을 역시 수상하였다. 주로 삶의 익숙하고도 일상적인 장면들을 소재로 시를 만들었으며 그녀의 화법은 가감이 없고 자연스러운 특징을 가지고 있다. 특히 성공을 거뒀던 많은 시들은 자연과 사랑 그리고 예술 등 대중들에게 친근한 서정시들로서 안나 아흐마토바 혹은 마리안느 무어처럼 국내만이 아니라 해외에서까지 다양한 독자들에게 공감을 주고 있다.

*무제

나는 가던 길을 멈추고 귀 기울여본다.
8월이 어떻게 나의 고향으로 흘러가는지...
더위는 드니프르 강 위를 구르고
흰색 비둘기는 초원의 냄새를 맡는다.
버드나무는 땅에 몸을 굽히고
접시꽃은 창백하게 변색되었다.
이미 아마(亞麻)가 여름을 내쫓는다.
타오르는 오솔길을 따라서

***나의 기억으로부터의 풍경**

그저 나는 수채화 물감으로 물든 단어들을 손질한다.
아침, 고요함, 테라스의 난간이 흐릿하게 사라졌다.
안개 낀 단풍나무의 우거진 긴 터널로부터
시인 릴스키는 지나간다. 실루엣처럼 부드럽게도
하늘에 흩뿌려진 마호가니 향내
나 역시 안개를 지나 아련히 나타난다.
슬프게도-슬프게도 그는 원하는 눈빛으로 바라본다.
내가 누구인지 그리고 왜 내가 응시하는지 알기를 원하면서.
그리고 나는 계속 응시한다. 다소 눈물지우며
그리고 서로 지나쳤다. 실루엣만을 남긴 채,
그게 전부였다. 두 시대는 만났다.
어리석은 소녀와 노쇠한 시인
당신은 나뭇잎의 변화, 그 자취를 들을 수 없다.
풍경이 세월임을...

보흐단 렙키

1895년 르비우 대학을 마친 뒤 폴란드 크라쿠프의 야기엘로인스키 대학에서 우크라이나어문학을 담당했던 교수였다. 1890년 중반부터 본격적으로 시를 썼으며 전환기 세기말에 구성된 '몰로다 무자'의 멤버였다. 그의 시적 소재는 주로 억압받는 현실을 담아내는 민중시들로 '리본' (1901), '외로운 위안의 시' (1908), '운명' (1917) 등이 그러하다. 우크라이나 문화에 대한 지대한 관심을 바탕으로 주력 장르를 역사소설로 점차 전환하게 되는데 4부작 '마제파'(1926-1929), '바짐'(1930), '소용돌이'(1941)를 통해 이를 증명했다. 동시대 작가, 이반 프란코와 마찬가지로 그의 작품은 노래와 교과서, 선집 등 광범위한 곳에서 학습용 자료로 사용되고 있다.

*학

너는 바라보는가! 용감한 형제여,
나의 사랑하는 동지여, 난 널 위해 기도한다.
저기 따뜻한 곳으로 회색빛 행렬을 한
학 떼들이 날아가는구나.

누군가 까악! 까악! 까악하고 우는 것을 듣는다 :
한 점의 미련 없이 타지에서 사라질 것이라고
넓은 태양을 건너기 전에
날개는 닳아 없어질 것이라는 걸

여전히 나의 눈에 들어오는 어렴풋한 희미한 빛
그들의 끝없는 행로가 아직 시야에 남겨있다.
구름 속으로 점점 작아지는
철새들을 찾아 볼 것이다.

*무제

인생을 붙잡거라! 널 기다려주지 않으니까
어서 서두르기를!
흔들리는 마차 위, 또 너는 어디로 날아가고 있느냐?
금빛 태양아!
우리를 기다려줘. 둘러싼 문제들이 우리를 약하게 하고
우리의 마음을 아프게 하니까
마차는 멈추지 않는다... 바퀴는 줄달음친다.
텅 빈 공간에서 방황하던 지난 날,
너는 서서 바라보았지.
엄마의 발뒤꿈치에서 보채며 서성이는 아이를
오직 삶과 울음으로 갈망하는 누군가여,
쓰라린 시간을 경험하라.

바짐 레시츠

1909년생. 우크라이나 문인 그룹에서 활동하였고 기관지 '말' 의 초창기 회원이었다. 비록 열악한 산골마을 후쭐 출신이지만 20년대 말 詩作에 본격적으로 참여했다. 폴란드 바르샤바대학에서 저널리즘을 공부한 그는 신문 기자로 근무했으며 미술 평론가로도 활동했다. 1948년에는 미국으로 이주하였다. "반짝이는 태양(1930),'서정적인 공책'(1953)이 대표작으로 10개 이상의 시집 중 절반이상은 이민 후에 영문으로 출간되었다. 시적 경향으로 표현주의적 요소 그리고 근대 바로크적 스타일등을 거론할 수 있다. 도미 후에도 언론 및 번역활동을 지속했는데 T.S 엘리어트와 현대 폴란드 시들을 독자들에게 왕성하게 소개했다.

*백 그리고 흑

밤은 수평선 위를 더 이상 구르지 않고
자작나무 껍질과도 같은 회색 줄무늬로 부서진다.
양귀비 바람으로 씨를 뿌리는 수평선은 격렬해진다.
나무가 바스락대는 소리를 흩뿌리면서
그 폭포 너머에 무엇이 있는가?
굴욕의 불길 ? 첨벙대는 물결 ? 인질 소녀들의 울음 ?
우엉과 엉겅퀴로 구멍은 확대되고
쓰러진 족제비가 그 잎들 사이로 이동한다.
먼 새벽의 족제비
초록의 잎, 너의 눈
족제비들로 놀란 너의 몸
빛들이 더욱 온화해진다.
너는 이제 어제에 속한다.
밤의 경계에서 사리풀에 잡초에 너의 흰 몸은
정오보다 더 하얗게 된다.
폭포와 같은 잠에 빠지고
돌 위에, 모서리 위에
냇가 위에 머리카락을 연기로 풀어 헤친다.
우리는 떠드어댄다 ;
서로 몸을 구부리고, 서로의 무릎을 가까이 하고
엉덩이, 팔, 입술을 막으며
돌 위에 소용돌이 날개가 휘돌아치는 곳에서
빛나는 화살이
우리를 관통한다 :
하얀 고통을 통과한다.

이반 루축

시인이자 번역가 겸 문예이론가. 르비우 대학을
졸업하고 학술원 문학연구소에서 연구하였다.
문학동인인 '루호사드'를 나자르 혼차르, 로만
사드롭스키와 함께 창립했으며, 서부 우크라이
나 작가 연합의 대표이다. 해외 작품도 소개하
고 있는데, 특히 세르비아어와 독일어로 된 번
역 시집을 출간하였다. 그의 작품에는 '평야의
리듬(1996)', '소네티아(1996)', '회문(1997)' 등
이 있으며 시학과 관련된 몇 개의 비평서들을
시리즈로 출간하고 있다. 대표적으로 '시를 스
케치하는 방법(1996)' 등이 있다.

***세 개의 바퀴**

세상은 세 형제들의 꿈이다.
단 하나의 공통된 꿈

폭풍은 소진되어 숨어버린다.
꿈은 기억 속으로 깊이 빠져든다.

너는 램프를 닦고 요정은 나타난다.
꿈을 기억하기에 얼마나 쉬운가

그러나 세 형제의 꿈은 영원하다.
세상이라는 한 이야기로 -

***사랑해**

습관처럼 나는 사랑이란 상투적인 말을 반복했다.
어떤 명확한 요구는 없었지만 기회가 있을 때마다
그리고 서로의 동의에 의해 요청하는 대로
정말로 중요하지 않다고 생각하면서도 말이다

내 얼굴이 본성에 반한
감정을 감추지 못할 때 나오는
뒤 늦은 나의 충동적 패러디,
나의 침묵에 얼굴을 찡그린다.

나의 입술로부터 억제할 수 없이 일단 흐르는 단어들
코와 목젖에 들어붙어 지금 울린다.
달아오른 귀는 그것들을 듣지 않는다.
위협적인 상식들이 그것들을 삼킬 것이다.

그런 낱말의 르네상스를 위해
모든 내 가학적 성애의 언어를 경험할 것이다.

오스타프 루츠키

오스타프 루츠키는 우크라이나 최초 모더니즘 동인이었던 '몰로다 무자'의 대표적 멤버였다. 결성초기부터 주도적으로 활동했는데 단체가 탄생하도록 성명서를 집필하고 발표한 인물이기도 하다. 갈리치아 출신인 그는 폴란드 크라코프와 체코 프라하에서 대학교육을 받았다. 대전 와중 오스트리아 군대에서 복무했으며 종전 후 우크라이나 농업협동조합의 창립에도 관여했다. 폴란드가 지배하고 있던 갈리치아 영토에 대하여 대외적 정치 활동을 벌였던 1939년 소비에트 점령군에 체포되어 러시아 북쪽에 위치한 강제 수용소에서 생을 마쳤다. 그가 출판한 시집 중에는 '가면 없이'(1903), '나의 삶으로 부터'(1905), '이 순간에'(1906) 등이 있으며 러시아어, 폴란드어, 독일어 등으로도 번역, 출간되었다.

*

나의 영혼이 불타고 있습니다.
그리고 나의 마음은 부질없이 찢어집니다.
모든 곳에서 슬픔을 봅니다, 온 세상이 침묵합니다.
그리고 슬픔은 주변 모든 것을 매우 어둡게 합니다.

누군가 내 마음의 끈을 잘라냅니다.
어둠의 밤이 모든 것을 덮어 버립니다.
그리고 내 영혼은 불살라집니다.
그리고 맹렬한 폭풍이 세차게 불어옵니다!

아니야, 됐어!
그런 지독한 사슬은 끊어버려야 할 터인데

이제는 진정하시게, 자네!
엄습하는 불안에 떨지 말고 마음을 차분히 가라앉히기를...

콘스탄틴 모스칼렛츠

체르니히브 출신인 그는 다방면 전방위적 창작을 하는 인물이다. 모스크바에서 수학하고 그곳에서 문학을 전공하였다. 80년대 후반 극작가이자 배우로도 활동했지만 시 창작에 전념하여 '사고'(1989), '옛 순례자의 생각'(1994) 등을 내놓았다. 그의 시는 무엇보다 대중성을 확보하고 있다. 다수가 대중 가요의 가사로 불려지고 있는데 가수 '타라스 쿠바이'가 부른 대표곡 '그녀' 가 그런 예이다. '최고의 경험'이라는 산문 작품은 1994년 키예프 저널에서 수여하는 영예의 대상에 선정되었다. 이 수상작은 '우크라이나로부터의 새로운 작품' (1996)이라는 이름으로 해외에서도 출간되었다

* 그녀

내일, 친구 누군가는
너의 집을 방문한다.
그리고 너는 차가운 와인을 들이킨다.

누군가 너에게 흰 꽃을 가져다주며
너에게 말을 건넨다: "인생은 그저 위대하다고"
그래, 인생은 위대하다- 하지만 그녀는 어떠한가?

그녀는 저기서 슬프고 외롭게 앉아 있는다.
그저 취함없이 와인을 홀짝 마신다.
나는 그녀를 위해 노래할 것이다.
크리스탈 와인잔이 울릴 때 까지

과연 내 목소리가 그녀의 슬픔을 넘어 설 수 있을까?

나는 그녀의 머리칼을 사랑한다.
나는 그녀의 오무린 입술을 사랑한다.
이것만이 세상을 극복하는 방법이다.

이제 곧 가을이 찾아 올 것이다.
우리는 모두 흩어질 것이다.
온 마을 전체가...

그녀는 단지 그녀일 뿐이다.
거기서 슬프고 외롭게 앉아있는
그저 취함도 없이 와인을 마시는

나의 슬프고 외로운 소녀
나의 황금빛 운명
나는 계속 소리칠 것이다.

밤은 광활하고 공허하다.

바실 미식

시인, 소설가이자 번역가인 바실 미식은 동부
우크라이나 출신으로 1933년 하르키우 대학을
졸업했으며 동양어문학을 전공하였다. 1920년대
말 데뷔하였고 동인 '쟁기' 의 일원이었다. 창
작과 더불어 셰익스피어와 스코틀랜드 로버트
번즈 등 영미권 계열만이 아니라 페르시아어로
된 다양한 작품들을 번역하여 1977년 번역자에
게 수여하는 막심 릴스키 상을 수상하였다. 스
탈린 시기인 1934년에 체포되고 강제노동수용
소로 이송되지만, 생존하여 1956년 시단에 복
귀하였으며 '선택된 작업'(1958), '밭고
랑'(1962), '해안가' (1972) 등을 출간했다.

*물방울

여기 방안은 어둡다.
짐으로 버거운 선반으로부터
들리지 않는 멜로디들로부터
그리고 오고 있는 봄으로부터
그리고 보이지 않는 얼굴들로부터
이제껏 형언할 수 없는 흐르는 시간으로부터
껴안을 수 없는 것을 껴안으려는 시도로부터

저기 문 밖에, 차분하고도 확고하지만
탄생하는데 1초를 가진 물방울
철사줄 위에서 부풀어 오른다.
누구에게도 잡히지 않을 만한 순간
지면을 향해 방울은 날아든다.
순식간 세상으로 고착된다.

올렉산더 올레스

올렉산더 칸디바 라는 필명을 사용하였다. 1919년 볼셰비키 혁명을 전후 외국으로 피신했고 1944년 프라하에서 생을 마감하였다. 대학에서 농학과 수의학을 전공하였지만 실제로는 시문학에 심취하였다. 12권의 대표 시선집을 펴낸 다작의 작가로서 데뷔작은 '기쁨은 슬픔을 포용한다'(1907)이다. 詩作의 운율은 음악성으로 가득 채워져 있으며 일부의 주제가 확고한 시민으로서의 의무감을 표현한 사회성을 반영하고는 있지만 다소 퇴폐적이고 타락적인 이미지 등 주로 애가체적 시풍을 말년까지 고수하였다. 데뷔작 외 시집으로는 '내 검이 되어라(1909), '동화로의 길을 따라'(1910), '에튀드'(1914), '낯선 땅 (1919)', '내가 누구에게 슬픔을 얘기할 수 있을까?'(1931) 등이 있다.

*슬픔과 기쁨

슬픔과 기쁨이 서로에게 입맞춘다.
웃음과 눈물은 진주처럼 중독된다.
아침과 밤을 모두 덮어 버린다.
부질없이 나의 손이 그들의 주름을 펼친다.

나의 기쁨과 슬픔은 여전히 포옹하고 있다.
하나는 날기를 추구하고, 하나는 싫다고 말한다.
도처에 퍼져있으나 보이지 않는
그들의 투쟁이 근본을 결코 바꿀 수 없다.

*별

별들은 자정에 정원에서 빛을 낸다.
이슬로 목욕하고 화환을 단단히 엮는다.
그리고 새벽의 장미빛 기적을 기다리기 시작했다.
인생을 무지개색으로 옷 입기 위해
별들은 화려한 꿈인 백일몽을 꾸었다.
햇빛 영롱한 날에 대해, 실크 같은 초원에 대해
그들은 꿈에서 빛나는 동화 한편을 봤다.
영원한 봄의 영광 안에 꽃들은 절대 시들지 않는다.
정원에서 가을에 별들은 그렇게 꿈꿨다.
봄을 기다리면서 별들은 그렇게 꿈꿨다.
새벽은 차가웠고 새는 이슬비를 데려왔으며
어딘가 숲에서 바람은 불고 있었다.

빅토르 네보락

1980년대, 1990년대 우크라이나에서 큰 인기를 얻었던 퍼포먼스 문학 그룹 '부바부' (Bu-Ba-Bu)를 결성한 3명의 창립 멤버 중 한 명이다. 네보락은 현재 르비우 지역 공영 TV 문화관련 프로그램 진행자로도 활발하게 활동하고 있다. '황색 시간'(1987), '휘날리는 머리'(1990), '하인과의 대화'(1994), '35번째 집에 대한 서사시' (1999)등 5개 시리즈 문집의 작가이다. '휘날리는 머리' 에 수록된 시들은 방대한 문학적 표현과 함께 실험의식이 담겨있다. 최근의 집필에서도 일반적이고 일상적인 시의 양식을 탈피 변화를 모색하는 경향을 나타내고 있다.

***지하철 환타지**

굴절이 당신을 다시 사라지게 하고
수직선 안에 당신이 존재하게 한다.
저 문들 너머에 기하학적인 공간이
중심이 무너지는 걸 잠시 멈추게 한다.
당신은 광선의 방향으로 움직일 뿐이다.
군중속의 기계적 터널을 따라
말과 꿈들이 번쩍인다.
이런 움직임은
황무지에도 볼 수 없다.
저기 국경에선 단지 원으로 변형될 뿐이다.
당신이 명약과도 같은 사랑을 찾듯이
당신의 인생에도 5월의 선명한 단풍나무와도 같은 결이 있다.
이제 혼란스런 당신의 눈은
하늘과 혼연일체가 되어 다시금 창공을 바라본다.

*무제

저기 거울들과 문들이 있다.

누군가 빗장을 스치듯 지나간다.
그는 '자아'에 익숙해져 간다.
그가 혼자가 아니라고 생각한다.
그는 많은 얼굴들을 본다.
스포트라이트 안에서 자신을 발견한다.
어둠의 존재를 느끼지 않는다.
마침내 그는 잊는다.
마법같은 거울들의 존재에 대해
그는 반사라는 독립권을 승낙한다.
그들과 만나고 친구가 된다.
약속을 정하는데 논쟁을 벌인다.
혀를 내민다.
거울의 유연한 표면에
그리고 중대한 비밀에 대해 깊이 생각한다.
흐르는 폭포수에 반사되어 아련하게
떠오르는 꿈속에서 ...

테도시 오스마츠카

시인이자 소설가 겸 번역가. 20년대 문학 그룹인 '링크' 와 '화성' 에서 활동했다. 당시 동인에 몸 담으면서 '벼랑'(1922), '스키타이 화재'(1925), '딸깍소리'(1929)를 발표했다. 특히 번역가로서 셰익스피어 대표 작품들을 오스카 빌데만큼 우크라이나어로 수려하게 번역한 것으로 정평이 나있다. 1932년 당시 독일 나찌는 작가로서의 영향력을 우려해 그를 체포하고 정신병동에 감금시켜 버렸다. 결국 우크라이나 서부로 가까스로 탈출, 미국으로 망명하였고 그곳에서 詩作을 이어갔지만 투옥의 후유증과 합병증으로 결국 뉴욕 정신병원에서 숨을 거뒀다. 시 외에도 3권의 소설을 남겼다. '형님 보야르'(1946), '정원 계획'(1951), '암살범들의 원형 아지트' (1956)가 그것이다.

***불멸의 밤으로**

오, 밤이여! 울림과 소리가 없는 밤
달도 별도 없는 그윽한 밤
다시금 네 길들여지지 않은 황무지 위,
향나무 아래에 나는 물을 뿌린다.

소나무의 신비스러운 가지들이 바스락 거리며
많은 눈이 뿌리 위로 떨어진다.
내가 들어 올린 양팔이 마치
수세기 동안 무릎을 꿇고 굴복하는 듯 보인다.

몇 번이고 무기력한 영혼이
비난의 세월에게 물어 본다 :
왜 너를 붙잡아 데려 갔으며
나 홀로 이 넓은 세계로 풀어줬는가.

걱정과 슬픔으로 압박받으며,
눈가는 흐르는 눈물로 얼어버렸다.
지저귀는 새 한 마리 없이
얼음과 눈으로 가득 찬 황량한 겨울 숲.

그래서 내가 이 밤을 구하는 이유인 거다 :
소나무에서 청량한 솔잎 향을 내게 돌려주길
중앙이든 아니 가장자리 어디든 잘 뿌리 내린다면
난 가파른 언덕에서라도 기쁘게 죽을 것이다.

그리고 더 이상 네게 갈구하지 않을 것이다.
난 더 이상 울기를 원하지 않기에

내가 다시금 타인이 그리워 질 때
내 육신의 가지들을 흔들 것이다.

올라앉은 눈덩이는 떨어지겠지.
저 멀리 인간의 눈물을 대신하겠지.
그리고 소나무 숲
이제 그 숲은 사랑의 처절한 울음으로 울려 퍼질 것이다.

바실 파초프스키

우크라이나 서부 태생의 시인, 극작가, 정치인이었다. 르비우대학과 비엔나 대학에서 수학했으며 남서부 지방, 우즈호로드에서 교사로 활동했다. 작가 연합인 '몰로다 무자' 의 발기인 중 한 명이다. 시집으로 '흩어진 진주' 를 비롯해 '시와 노래'(1901), '휴일'(1902), '산맥의 유출'(1906) 등이 있다. 또한 '유럽의 스핑크스', '3막 드라마' (1914). '헤트만 마제파(1931)등 극본의 저자이기도 하다. 그의 드라마와 산문은 1985년 '황금의 문' 이라는 제목으로 미국 필라델피아에서 출간되기도 했다. 여기서 그는 카르파티아 산맥을 둘러싼 역사성 짙은 이야기를 다루고 있을 뿐만 아니라 우크라이나 정체성에 관한 에세이를 남겼다.

*도금된 슬픔

놀랐다는 것에 놀라시지 마시길, 친구여!
마지못해 웃고 있는 내 슬픔으로
불행이 심장을 비록 흐리게 할지라도,
그곳 기쁨이 내 슬픔을 찬란하게 하리라.

거기 심원한 호수가 비친다.
호수아래 도시가 번득인다
수정으로 멋지게 올려지고는 잠들고 말았다.
마법에 걸려 헤어나지 못한 채로

드미트리 파블리츠코

이반 프란키브스크 지방에서 태어난 시인이자
외교관이다. 1953년 르비우대학 철학과를 졸업
했고 우크라이나 문학저널 '우주' 등 국내 유수
한 잡지의 편집장으로 일했던 언론인이다. 우크
라이나 작가 연합의 사무국장을 역임했으며 우
크라이나 60년대 작가의 문화 부흥운동을 지원
하는 등 현대 우크라이나 민족 운동에 기여한
공로가 크다. 1977년에 타라스 셰브첸코 문학
상을 수상했으며 1991년 8월 24일에는 우크라
이나 독립을 대내외적으로 고하는 독립 선언문
을 작성한 장본인이다. '사랑과 증오' (1953), '
팜나무 가지' (1962), '단어의 경계' (1968), '
포딜리안의 가을 소네트' (1973), ' 시와 우화'
(1986), '페르시아시인의 루바이야트' (1987) 등
다양한 작품이 있다. 또한 번역가로서 리토피스
출판사와 셰익스피어의 소네트를 비롯해 저명한
영미권 작가의 창작물을 최근에 출간했고 광범
위한 비평 활동을 통해 문학과 예술의 지평을
넓히는데 주력하고 있다.

***5월의 키예프**

5월의 키예프
밤나무에서 꽃이 피고,
커다란 낙하산에 승선한 듯
하늘로 날아올라
우크라이나 창공을 항해한다.
그리고는 성당의 별로 빛난다.

왕자, 시민들, 왕국의 호위병들,
KGB 요원들, 반체제 인사들, 노예들
대학생들, 국회의원들, 시인들, 매춘부들
무덤에서 빌딩에서 지하도에서 레스토랑에서 지하철에서 나온다.
그들은 악수한다.
키예프의 아우성이 멈춰 우주의 나락으로 떨어지는 것을 두려워한다.

사랑이 군림한다.
그러나 꽃은 떨어진다.
밤나무의 낙하산은 그때 눈물을 뿌린다.
도시가 제자리에 정착한다.
빌딩은 문을 닫는다.
식당들, 무덤들 -
그들은 지상 최고의 안락함을 느낀다.

하지만 사람들은 악수하지 않는다.
눈을 서로 마주치지 않고 걷는다.
그리고 꽃은 시든다.
떨어진다.
도시는 제자리에 정착한다.

예브헨 플루쥐닉

수의학과 동시에 연극학을 전공했으나 학업을
모두 포기하고 1920년대 문학도로 방향을 전환
했다. 1924년에 '링크' 와 1926년에 '화성' 이
라는 동인에 합류하고 같은 해 '나날들' 과 이
듬해 '초가을' 이라는 시집을 키예프에서 출간
하였다. 1920년대 말 스탈린주의가 우크라이나
문학계를 끊임없이 압박하였음에도 불구하고 창
작에 전념했다. 하지만 1934년에 체포되었고
솔보스키섬에서 고된 노역을 치루다 종양으로
사망하게 되는데 아이러니하게 그의 시집은 이
런 수용소의 생활을 암시하고 있다. 사후 미망
인이 수감 도중 작성된 '밸런스' 라는 원고를
입수해 1948년에 독일에서 그의 작품을 출간하
였다.

*무제

시구를 맞추는 것이 얼마나 어려운 일인가 -
생각의 불꽃들은 더욱 헛된 옷을 입힌다
시인의 선물은 (모든 선물은 존재하는 만큼 쓰디 쓴 법)
단지 공감의 실패를 이해시킬 뿐

갑자기 희미한 열기에 불을 붙인다.
구절에 따라 잉크는 말라간다.
불꽃은 기발하게 타오른다.
태연히도 더 이상의 연소를 바라지 않게 ...

*무제

온 종일 찜찜한 이 기분 -
거대한 상실감
서리가 내려 비뚤어 보이는
두 개의 별을 정원에서 안아 방으로 가져왔다.

반쯤 시든 꽃잎들을
책갈피에 놓았을 때
내 혈관을 따라 미끄러지는
심한 감기 기운을 느꼈다

온 종일 상실감이
나를 짓누른다.
몇 가지 이유들로 내 생각이 시려온다....
몇 가지 이유들로 내 양손이 얼어 붓는다...

미카일로 루드니스키

서부 갈리치아에 태어난 시인, 번역가였다. 르비우 대학을 졸업하고 파리와 런던에서 유학했다. 1920년대 후반 귀국 후 강단에 섰으며 1939년에는 르비우대학 문학부 정교수로 임용되었다. 일간지 '노동'에서 저널리스트로 일했으며 '만남'이라는 잡지의 편집인이었다. 여기서 손수 번역한 서유럽 문학을 소개하고 연재하였다. 하지만 시인과 비평가로서 등단은 이미 1905년에 이뤄졌다. 개성있는 필치를 특징으로 이론과 실제를 겸비한 비평서를 간행했으며 시집은 물론 '눈과 입술'이라는 제목의 산문집을 1922년 출간하기도 했다.

***가을의**

산에서 계곡으로 시커먼 실들이 누벼 있다.
무거운 구름은 작은 경첩에 걸려있다.
태양의 꿈은 재가 되어 돌아온다.
갑자기 누군가 밤에 종소리를 울린다.

탄광의 기둥들이 숲의 가장자리를 따라 불꽃을 튀긴다.
약한 산들 바람이 거울 같은 강을 건드린다.
천 마리의 수금이 숲에서 노래한다 -
은쟁반 위를 구르는 아름다운 옥구슬과도 같은 교창

잠이라는 평화로운 긴 목초지위에
서늘한 머리를 온화하게 감 쌓고
저 멀리 풍광은 안개로 뒤덮여져 있다.
누군가 검은 땅의 고랑에 몸을 굽혔다.

누군가는 슬픔과 비애로부터 창백해졌다.
아이들이 맨발에 누더기를 입었기에
천상에서 보낸 빵이 핏자국을 남기고 들판에 버려졌기에

막심 릴스키

신고전주의파 시인이었으며 번역가이자 철학교수였다. 1910년 15살의 어린 나이에 '순백의 섬에서'(1910)를 출간했다. 초기작인, '가을 별 아래'(1918), '푸른 간격' (1929), 길이 만나는 곳에'(1929), '메아리와 메아리'(1929) 등을 이유로 1931년 스탈린 비밀경찰들에게 체포되었고 사회주의 스타일로 책을 출간하라는 명령에 동의한 뒤 풀려나게 된다. 전쟁 기간 동안 사회주의 리얼리즘에서 벗어난 장편 시 2권을 펴내게 되는데 이로 인해 그는 또 다시 공식적으로 쫓기는 신세가 되었다. 바로 '갈증' (1942)과 '청춘여행'(1941-44) 시집 때문에 그러했다. 이후 30여편으로 구성된 콜렉션이 1974년 뒤늦게 발간되었는데 500만부가 팔려 오랜 기간 베스트셀러에 수록되엇다. 마지막 두 작품 '종달새의 그림자'(1961)와 '겨울 노트' (1964)는 니키타 흐르시쵸프의 통치시절 검열이 완화된 시점에 출판되었는데 원래 릴스키의 시적 호소력과 미학적 예술성이 다시 부활한 회귀적 경향을 보이고 있다.

*음악

야밤에 그들이 덮쳤네.
어두운 세상에 검은 회오리 바람이 -
딸들과 아들 모두가 슬퍼하기 시작했네.
그들의 부모가 죽음을 맞이했네.

기다리시오! 당신도 지나치지 않을 것이오.
아이들도 아무런 연민도 보여주지 않을 것이네.
당신은 높은 십자가에 못 박힐 것이네.
넓은 들판위에 바람이 불 것이네.

누가 죽음을 위한 춤을 추는가?
이때 그녀에게 고개를 끄덕일 자들은 누구인가?
크리스탈 얼음같은
그녀의 왕관은 얼마나 빛이 나는가!

검은 회오리 바람, 알려지지 않은 공포의 세상
얻을 수 없는, 산산히 부서진 신성한 유물...
손에는 파가니니의 피렌체의 밤의
무지개가 쥐여 있다네.

로만 사들로브스키

르비우에서 결성된 'LuHoSad' 그룹의 멤버이
다. 1986년 르비우 대학 철학부를 거친 철학도
로 졸업 후 창작활동에 몰두하였다. 시와 그림
을 병행한 독자적 시 영역인 시화를 개척하며
시각적인 테크닉을 구사하는 것으로 유명하다.
작품으로는 '잠자는 태양' (1996), '두 개의 창
문'(1999) 등이 있다.

***다른 해변으로의 여행**

우리는 몇 걸음 밀물쪽으로 나아가는 것이 필요했다.
우리는 지구와 불길을 회상하기 위해 멈췄다.
그리고 가시같은 눈으로 오랫동안 바라봤다.
강의 저편에서도 우리를 응시했다.

봄은 우리를 조각배에 태워 저 멀리 놔두고 가버렸다.
우리는 강에게 되돌려 달라고 간청했다.
그리고는 스스로 마침내 협상을 우리 자신 안에서 찾기 시작했다.
우리의 날카로운 눈은 우리를 응시했다.

해안가에 정렬시켜 놓을 수 없는 영원한 가시관이
너에게 그리고 나에게 선사되었다.

***도착**

절벽은 출발이라는 신비로운 신호로 얼룩져있다.
모든 사람이 그것들을 볼 수는 있지만
아무도 그것들을 읽을 수는 없다.
너를 알고 기억하는 모든 사람들조차도
아무도 너의 이상한 언어를 배운 적이 없다.
얼마나 많은 전문가들이 그것들을 해독하려고 시도했는지
혹자는 귀찮아하며 이것 모두를 신비화라 말한다.
진심으로 그것들은 배웠던 자는 바로 나다.
절벽이 산산이 부서질 때
나는 그 장소에 있어야만 했고
내 방식대로 나 자신을 진정시키며
너의 귀환을 기다렸다.

게오 슈쿠루픠

시인이자 소설가. 1916년 키예프에서 언론 활동을 시작했다. 우크라이나 아방가르드의 효시인 미래주의에 관여했으며 문학의 이데올로기화를 표방한 범미래주의파의 주요 멤버였다. 1922년에 '정신 진단'으로 데뷔하였다. 이듬해에 '드럼' (1923)이라는 작품을 출간하고 '단어의 불씨(1925)', '동료시인들을 위하여(1929)' 등 총 네 권의 시집을 발표하였다. 이외에 '용의 승리(1925)', '하루의 시작'(1929)', '미스 안드리예나' (1934) 등 몇 개의 단편과 장편 소설들이 있다. 1934년에 스탈린 비밀경찰에 의해 체포되어 10년형을 살았고 결국 사형당했다.

*신호등

우크라이나 전역에
빨간 장미 한 송이.
후세들은 야생의 아름다움을 볼 수 없을 것이다.
숲은 빨치산으로 가득 차 있다.

철길들이
문어발처럼 지구를 감싼다.
모든 이는 암흑의 절망에서 신음하며
이내 머리를 돌에다 부딪친다.
그들은 궁금하다.
돌아갈 다른 길이 없는지를...
악덕업자들은 밀가루 부대 아래로 몸을 숨긴다.

사방으로
철로는 뱀의 꼬리처럼 뻗어 있고 ...
거리의 표지판이 가리키는 네 글자:
출입금지
네 바퀴 달린 차들이 제방 아래에서
신에게 간절히 기도한다.
신호등은 양손을 펼친다.
천국을 향해
절망에 빠져서

세상은 분노와 정복으로 울부짖는다.
드럼은 울리지 않고,
트럼펫은 소리 나지 않으며,

피로 물든 강물이 흐르고
해적들은 물에서 물장난을 벌인다.
한 마리의 물고기처럼.
어디에나 불, 폭발, 폭발들..

전역에 퍼져있는 광란의 외침,
공포 ...

볼로디미르 소슈라

돈바스 출신으로 대중성을 겸비한 20세기 우크라이나를 대표하는 시인이다. 소연방 최고 작가상과 타라스 셰브첸코 상을 모두를 수상하였다. 청년시절 하르키우에서 수학했으며 1917-1921년 우크라이나 혁명에 참여하고 그 후 붉은 군대로 입대해 하사관으로 복무했다. 문학 조직인 "쟁기"의 회원이었다. 전통을 고수하며 서정미를 표현한 작가였지만 그의 필력은 사회주의적 사실주의가 요구되었던 당시 공산주의 시스템에서도 효율적으로 통용되었다. 2차 대전 와중 1944년에 쓰인 그의 대표작, '내 사랑 우크라이나' 는 바로 대중가요로 바뀌어 오늘날에도 널리 불려지고 있다. 40여권 이상의 시집을 출간했으며 초기작에는 '따스한 겨울', '가을의 별'이 있다

*우크라이나를 사랑하라

태양 같은 우크라이나를 사랑하라.
오! 바람, 풀, 물처럼 우크라이나를 사랑하라.
행복의 시간 속에서도, 기쁨의 순간 속에서도,
재앙의 시간 속에서도 우크라이나를 사랑하라.

잠을 잘 때도 깨어 있을 때도 우크라이나를 사랑하라.
빨간 앵두 빛을 한 우크라이나를 사랑하라.
나이팅게일의 말처럼 아름다움만이 아니라
우크라이나의 영원과 신생, 그 자체를 사랑하라.

경계한 이웃들 사이에서 드넓은 초원을 차지한
우크라이나는 수 세기동안 빛이 났다.
진심으로 우크라이나를 사랑하라.
무얼 하든지 우크라이나를 사랑하라.

조국은 세상에서 우리를 위한 유일한 존재다.
광야라는 달콤한 매력 속에 홀로 남아
별 안에도 버드나무 안에도
우리의 심장 고동 안에도 우크라이나는 있다.

꽃 안에, 새 안에, 네온사인 안에,
모든 노래와 사상 안에,
아이의 미소 안에, 어린 소녀의 눈 안에,
심홍색의 현수막 안에 ...

연소 없이 타버린 유령의 무덤같이
우크라이나는 인도 안에서, 작은 숲속에서, 휘파람 소리 안에서,

드네프르의 물결 안에서,
그리고 보라 빛 구름 안에서 환생한다.

요란한 포격의 천둥 속에
무장한 外人은 먼지와 함께 흩어지고
적막의 어둠과 총성 속에서도
우리는 눈부시고 화창한 봄 길로 인도됐다.

소년이여! 그녀를 위해 웃음만이 아니라 눈물도 지어라.
네가 죽어 소멸할 때까지
네 자신을 사랑하기 전에는
어떤 다른 것도 사랑할 수 없다!

소녀여! 우크라이나의 푸르름과 같아라.
매 순간을 사랑하라.
만약 네가 조국을 사랑하지 않는다면
연인조차 더 이상의 사랑을 원치 않을 것이니

사랑 안에서, 일 안에서, 그리고 전쟁 속에서,
혜성과도 같은 질주의 노래처럼 그녀를 사랑하라.
모든 너의 마음을 다해 너의 우크라이나를 사랑하라.
그러면 영원히 우크라이나는 우리와 함께 할 것이다.

보흐단 스텔마흐

시인, 극작가이자 번역가이다. 고향인 르비우에서 공부했고 신문사의 편집자로서 일했다. 현재 르비우 주정부 인문정책부서의 자문 역할을 맡고 있다. 1962년부터 작품집을 출간해 '지구의 화재', '100개의 노래' 등 6개 시집의 작가이기도 하다. 그의 작품 중 대다수가 미로슬라브 스코릭, 보흐단 얀니프스키, 볼로디미르 이바슉, 이호르 빌로지르 등 유명 작곡가에 의해 가사로 불려졌다. 희곡으로는 '진실한 노래의 매력', '조교수의 조끼', '이호르 원정기' 등 다수가 있다 티소 드 몰리나의 희극, '마르타 라 피아도사', 베르디 오페라의 대본인, '폴스타프' 등 다수를 우크라이나어로 출간하였다. 1992년 코틀라레프스키상, 1993년 샤스케비츠상, 1998년에는 레샤 우크라인카상을 수상하였다.

*한번 피는 사랑의 꽃

보아라, 주변의 모든 것이 피어난다.
물은 순백이고, 태양은 노오란 황금색이다.
숲은 녹음으로 우거졌다. 잡초마저도 무성하게 --
왜 사랑은 피는데 그렇게 오래 걸리는가?
왜 그렇게 ?

졸졸 흐르는 개울은
강이 된다.
쓰라린 슬픔이
회한으로 펼쳐진다.
태양처럼 여명은 매일 우리에게 피어오르지만
사랑은 단 한 번만 필 것이다.

바삐 흐르는 강은 대양에서 자신을 잃을 것이고
봄의 기쁨은 슬픔을 씻어버릴 것이다.
내 사랑을 제외한 모든 것은 지나갈 것이다.
가을이 올지라도 사랑의 꽃은 시들지 않을 것이다.

졸졸 흐르는 개울은
강이 된다.
쓰라린 슬픔이
회한으로 펼쳐진다.
태양처럼 여명은 매일 우리에게 피어오르지만
사랑은 단 한 번만 필 것이다.

바실 스투스

1938년 볼린지방 비니차에서 태어났다. 우크라이나의 릴케라고 불려지는 바실 스투스는 시인, 비평가, 인권 운동가이다. 도네츠크에서 언어학을 공부했으며 1964년 학술원 문학연구소에서 연구원으로 일했다. 1959년 데뷔, 교사 생활을 병행하였고 1965년 체포된 동료를 돕기 위해 연설문을 낭독하던 도중에 체포되면서 연구와 창작 모두를 중단하였다. 강제적으로 키예프 지하철로 이직하여 노동자로 일하게 되었다. 1972년에는 국가의 중상모략 명목으로 유죄 판결을 받고 몰도바 소비에트 교도소에서 형을 살았다. 온갖 시련을 겪으면서도 800여 편 이상의 시를 남겼다. 1984년 한림원은 노벨 문학상 후보로 그를 선정했지만 결국 먼저 세상을 떠나고 만다. 그의 작품은 서구에서 출간되었고 역으로 우크라이나로 알려지게 되었다. 1990년대 전후 명예가 회복되었으며 구 소비에트 정권에 저항한 지식인의 상징이 되었다. 독립 후 몇 권의 작품집이 나왔고 반향을 일으키며 널리 읽히고 있다.

*무제

바다 -
슬픔의 검은 덩어리,
철저히 홀로 남겨진
메피스토펠레스의 영혼
결벽성을 가진 소녀의 손마디 아래에서
피아노는 마비되었다.
지구는 절벽의 물 속으로 떨어진다.

말라붙은 억새풀도
가는 길을 방해한다.
초생의 신음이 무거운 안개속에 싸여 있다.

*무제

저녁은 코란의 챕터로 짓눌려 저물어간다.
시내는 목청껏 소리를 높여 계곡을 채운다.
목구멍에 너무 많은 진실, 너무 많은 고통을 담아
밤은 새벽까지 이 모두를 말하기엔 너무도 짧다.

슬픔에 잠겨 횡한 숲속의 소리,
새들의 성가신 지저김
떨어지는 잎새
나비는 언제야 여기에 앉을 수 있을까?

바실 시모넨코

시인, 수필가이자 저널리스트였던 시모넨코는
비밀경찰에 의해 살해되는 불행한 최후를 맞았
다. 60년대에는 우크라이나 문예부흥을 꾀했던
작가 중의 한 사람이었다. 표면상 시어는 간결
하고 직설적이지만 내적으로는 순정적이며 서정
적인 기교를 발휘하였다. 전반적 작품들은 소비
에트 체제에 대항하고 공격적 성향을 드러내어
언더그라운드에서 암암리에 유통되어 읽혀졌다.
시모넨코는 60-70년대 다양한 잡지에 번역 작
품들을 소개했다. 대표작은 '침묵과 천둥'
(1962), '지구 중력'(1964)등이 있고 '화강암 오
벨리스크' 라는 이름으로 안드리 치로브스키의
번역본이 해외에 소개되기도 했다. 문인들은 그
의 이름을 명명한 문학상을 제정하여 시인들의
등단을 도모하고 있다.

*우크라이나의 사자

공상은 부풀어 올라 애기할 단어들이 피어난다.
폭풍우와도 같은 젊은 날들은 총소리로 가득했다.
일주일간 사자들 사이에서 난 살아있었고 방황했다.
레오폴리스2)라는 마을의 이름은 헛된 것이 아니다.

반역의 마을이며 서출의 혼종된 도시다.
단지 고양이처럼 야옹되는 사자들이 있다.
누가 미친 듯이 권력을 핥았는가? 분별없는 비겁자들!
어찌 눈 먼 것을 알리오? 이곳에서 누가 영광을 찾았던가?

하지만 오늘 난 소심해지기를 거부한다.
내게 다가온 이 행운을 위해 :
여기 르비우에서 사스케비츠의 눈을 보았다.
크리보니스의 장대한 귀골을, 프랑코의 강렬한 눈썹을

은발의 르비우! 내 꿈의 수도
기쁨의 진원지, 내가 동경하는 모든 것
이제야 당신의 의미를 알아낸다.
르비우여! 다시 돌아와 날 조금이라도 이해하기를

청운의 꿈을 안고 가문의 長孫처럼 여기 당도했다.
슬라부타의 위대한 전설을 만들어낸 광활한 초원에서
불굴의 사자 심장이 네게 박동한다.
힘을 뿜어내는 작은 물방울이 내게 함께 고동친다.

---

2) 사자의 도시라는 뜻

루드밀라 타란

1954년생으로 시인, 수필가, 언론인이다. 언어학도였던 그녀는 키에프에 거주하며 막심 릴스키 박물관에서 큐레이터로 일했다. 이후 '우크라이나 문화' 라는 잡지사 기자로 수년간 근무했다. 발행된 시집들은 생활속에 드러나는 사소한 문제들을 여성 특유의 감수성 짙은 필치로 독자들을 끌어들이고 있다. '워터마크'(1985), '서까래'(1990), '영혼의 방어'(1994)를 포함하여 한정판 소책자인 '오케스트라석', '노그탤지어'를 1995년에 냈다. 문학 비평서인 '탐구의 에너지'(1988)을 냈고 해외에 거주하는 우크라이나 교민을 상대로 한 인터뷰 책자, '오늘과 내일을 위한 별점' (1995) 도 발간했다.

*인디안 잉크

인디안 잉크의 얼룩이 아름답게,
둥글고, 부드럽게 보인다.
벨벳처럼 촉촉한 광채는
볼륨과 애정을 발산하는
누워있는 몸을 정의한다.
난 사랑한다.
검정의 색감을, 그것의 다양한 의미를 :
슬픔, 두려움, 비통, 열정
그리고 깊은 수렁으로 끌어당김을 보라 :
거기에는 아첨도,
바보 같은 짓거리도, 광란도 역시 없다.
모두가 엄중하다.
이 어둠으로부터
진중한 마음으로
부름을 들으려 기다리는 사람들이

*무제

기회와 운명에 대한 원재료,
민감한 인체, 끊이지 않는 부패,
거기 기억으로 수놓인 자국이 남겨 있다.

자신 안에서 더듬는다.
영혼이 쪼개진다.
그저 신의 결정에 매달려 있는
겁먹은 어린 양과 같이

어둠이 솟구친다. 끔찍한 합창
수벌들. 창백한 공포의 거울
얼굴들을 비튼다. 나를 용서해라!

나는 아무데도 가기를 원하지 않는다.
마지못해 하는 것을 벌하거나 탓하지 마라.
너의 온화한 손으로 그것들을 제거해라.
그리고 숨을 쉴 것이다. 내가 살아있다는 것을 알 것이다.

올레나 텔리하

1907년 러시아 상트페테르부르크 태생의 시인
이자 언론인. 1922년 부모를 따라 체코슬로바
키아로 이주하였고 프라하에서 수학했다. 1929
년 결혼 후 다시 폴란드에 정착했으며 바르샤
바에서 우크라이나 공동체를 조직하고 운영했
다. 1941년 대전이 발발하자 언론활동을 위하
여 키예프로 갔지만 곧 나치에 체포되었으며
바빈 야르에서 처형당했다. 유작으로 '방어의 영
혼'(1946), '정신의 현수막' (1947), '올레나 텔
리하 콜렉션' (1977)라는 이름으로 나왔다. 작
품의 시적 자아는 그녀의 삶을 반추하듯 우크
라이나의 국가 정체성과 자유를 위한 투쟁의
목소리로 줄기차게 메아리 치고 있다.

*무제

어둠속에 응시하는 날카로운 눈 …
지금 시계는 가리킨다 : 4시, 5시를
내 마음은 피로 속에 시들어가고
난 한 번 더 오늘 밤 잠 못 이룬다.

하지만 나는 조용히 일어날 것이다.
결코 변하지 않는 일상
하지만 슬픔으로부터 자유로운 춤과 같이
내가 걸어왔던 밤의 시간들을 걷으리라.

영원한 기억의 꿈들을 부숴버리고
난 다시 기쁨과 웃음을 줄 것이니
고통 속이라도 웃는 힘을 가진 자에게
승리의 월계관은 주어지겠지.

*무명

그것은 사랑이 아니다. 변덕도, 모험도 아니다.
모든 것이 이름을 가진 것도 아니다.
너가 단단한 바위 밑바닥에서 찾는 것은
그런 깊은 물속에 있지 않다.

너의 영혼이 되살아났을 때
밝혀진 길을 향해 돌진할 것이다.
어둠의 해안을 어찌 밀어 제칠지를
노 젓기에 열중한 사공에게 묻지 마라.

그것은 사랑도 온화함도 정열도 아니다.
다만 정성이다 - 날아 오르는 독수리여!
넘쳐 흐르는 신선한 거품을 마셔라.
이름 모를 즐거운 봄날을 위해!

시디르 트베르도흘립

1886년 갈리치아 태생의 시인이자 번역가. 르비우와 비엔나대학에서 공부했고 '몰로다 무자'의 일원으로 활동했다. 고향에서 교사로 활동하였으며 번역물을 1906년부터 출판하였다. 1908년에는 창작집 '강이 닿는 곳의 거울' 을 내놓았다. 그는 율리우스 스오바츠키 등 특히 폴란드 시인들의 작품을 널리 소개하였고 또한 폴란드 독자들을 위한 우크라이나 작품들을 소개한 번역가였다. 1920년에 정치적 음모에 연루되어 반역자로 낙인찍혔고 결국 폴란드 극우주의자들에게 1922년 암살당했다.

*강의 거울에서

원들은 해안으로부터 움직인다.
그러다 떨어진다 깊게 떨어진다.
원들의 분노는 조용히 밀려든다.
그리고는 달아난다. 사라진다.

저기 절벽에 반원형의 물체가 있다.
바위의 물결치는 소리
그것은 강인가 아니면 움직이는 절벽인가?
너의 눈을 속이는 수렁인가?

사람이 생각을 바꾸는 것과 같이
영혼도 생각을 지배한다.
그리고는 사라진다 그러다 소멸해 버린다.
아무런 목표도 없이...

*이카루스의 애가

태양이여!.. 태양이여!.. 나는 멈췄습니다.
영혼은 무한한 슬픔으로 늘어갑니다.
영원이라는 신비의 단어가 星雲위에 새겨집니다 :
당신은 죽을 것이라고!

지구!.. 지구!.. 나는 행로에서 벗어났습니다.
독수리의 자취를 잃었습니다.
두 날개는 부딪쳤습니다.
비상이 흔들립니다.
난 추락하고 있습니다. 끊임없이!

파블로 티치나

상징주의를 이끌었던 우크라이나의 주도적인 시인 중 한 사람이다. 그는 미래주의, 다다이즘 등 우크라이나 아방가르드에 많은 영향을 끼쳤으며, 그의 초기작은 1917년을 전후로 한 문화적이고 역사적인 변혁을 적나라하게 드러내고 있다. 작가로서 출중한 능력과 명성이 1930년 대를 휩쓴 우크라이나 지식인 숙청에서도 생존하게 만든 원동력이었다. 그의 시는 철학적인 깊이와 감성을 표출하고 있는데, 월트 휘트먼과 같이 '우주론'의 원리로 창작 활동을 전개하였다. 또한 고대 그리스 시작(詩作)법인 '비극 서정'이라는 새로운 장르를 우크라이나 시 분야에 도입한 장본인이다. 데뷔작 '태양의 클라리넷(1918)', '소네트와 옥타브 대신에(1920)', '코스모스의 오케스트라에서(1921)', '우크라이나로부터의 바람(1924)' 등이 있다.

*무제

제우스도, 하느님도, 비둘기 성령도 아니다.
단지 태양의 클라리넷

나는 춤춘다, 리듬감 있는 움직임,
불멸의 춤 - 모든 행성마저도

나는 내가 아니었다. 단지 생각뿐이고 그저 꿈일 뿐
주위 모든 것이 소리를 낸다.
창조적인 암흑의 실루엣
손을 흔들며 축복한다.

나는 깨어났다 - 이미 나는 너다.
내 위에, 내 아래에 세상은 빛난다.
세상은 반짝이고, 세상은 흐른다.
음악의 강물처럼

나는 보았다 그리고 봄은 왔다.
행성들은 조화를 이뤘다.
당신이 노하지 않았음을 영원히 알았다.
태양의 클라리넷만이

*파스텔

I

태양광선이 비추는 걸
보라 -
동이 튼다!
가라 앉는다 기도한다.
카밀레 꽃의 눈이 떠져
동쪽 하늘은 향기롭다.
수탉의 울음이 어두운 밤을 수놓는다.
마치 빨간 실타래처럼
 - 태양 -

II

철의 날,
맛있는 와인을 마셨다.
초원, 활짝 핀 꽃! -
나, 그리고 하루가 왔다.
짐승의 무리가 풀을 뜯어 먹는다!
... 오 내 사랑- 멋진 하루-
흔들리는 요람!
하루 종일 움직인다 ...
철의 날,
맛있는 와인을 마셨다.

III

피리는 소리를 낸다.
태양이 저무는 곳으로
저녁은 살금살금 접근했다.
뒷꿈치를 들고
별을 밝혔다.
초원으로 안개들을 보냈고
손가락을 그의 입술에 붙였다 -
누웠다.
피리는 소리를 낸다.
태양이 저무는 곳으로

IV.

나를 감싸라, 더욱 감싸주라
나를, 늙은 밤의 여인아,
나는 아직 만족하지 않았다.
어두웠던 나의 여행은
항상 꿈 속에 있었다.
여기 몇 개의 박하사탕을 내게 주라.
포플러가 살랑거리게
나를 감싸라, 더욱 감싸주라.
나를, 늙은 밤의 여인아,
나는 아직 만족하지 않았다.

미콜라 빈흐라노프스키

시인이자 배우로 60세대 작가군에서는 대표로
활동했다. 남부 우크라이나 미콜라예프에서 태
어났으며 모스크바로 유학하여 1960년대 그곳
영화예술대학에서 수학했다. 시나리오 작가, 영
화감독으로도 종사했으며 '원자의 서곡'(1962),
'100개의 시'(1967), '은빛 해안' (1978) 등의 시
집을 출간했다. 또한 아동문학에도 관심을 쏟아
1984년에는 아동도서를 발간하여 이듬해 셰브
첸코 상을 수상하기도 하였다. 역사소설로는
1996년 세베린 날리바이코' 가 있다.

***첫 번째 자장가**

잘 자라, 우리 아기, 잘 자렴.
잘 자라, 우리 아기, 사랑스런 작은 갈색 눈동자!
따뜻한 꿈 속에서, 들판 위에 호밀이 움직이고
저 멀리 높이 해가 저물기 시작했잖니.

아빠는 지금 가장 행복하단다.
잘 자라, 나의 사랑, 너무 늦었잖니
저기 창문 밖에서 불어오는 바람처럼
미래와 운명은 불안하지만

잘 자라, 우리 아기, 푹 자렴.
그림자들도 자고 있잖니, 단풍나무도 자고 있단다.
아가야, 우크라이나는 잠재워서는 안 된단다.
드네르프강에 반사된 하늘과 같은 우크라이나를

너 안에서 잠들지 않게 하렴.
모든 세계가 너의 것이란다 내 사랑아.
잘 자렴, 나의 사랑, 나의 작은 영혼
은빛 꿈들이 나무 꼭대기에서 내려오고 있단다.

미콜라 보로비요프

체르카시지방에서 태어나 키에프대학에서 철학을 전공하였다. 60년대 초 키예프 학파를 주도적으로 조직한 시인이자 예술가. 70년대 언더그라운드 문학계의 리더였다. 1962년부터 고향 일간지에 시를 기고하기 시작했으며 1967년 당시 우크라이나 유수한 출판사인 '젊음'에 '고고학자' 라는 시집의 출간을 계획했다. 하지만 실현되지 못했고 1980년대 중반에야 서방에서 최초 공식 시집이 발간되었다. '길을 나에게 상기시켜라'(1985), '지평선의 흑딸기 나무'(1988), '홀로 구르다' (1990)를 발표하고 1992년에는 '더 높은 목소리' 로 파블로 티치나상을 받았다. 또한 1994년 '트랙의 스파크'(1993)'란 작품은 블라호비스트상을 안겨주었다. 우크라이나 문학을 영어권에 꾸준히 소개한 미로시아 스테파뉵은 1992년 토론토에서 보로비요프의 작품을 번역, 영문판으로 소개했다. 시인의 이후 저술에는 '경보트', '은빛 손짓: 60 미니에츄어'(2000)가 있다.

***랑데뷰**

모퉁이에서 꽃 한 송이를 샀다.
거기에 숲은 바구니와 함께 서 있었다.
내가 다리에 도착했을 때
다리는 깨끗이 청소되어 있었다.

하지만 어디에도 꽃을 놓을 곳이 없다.
받아줄 손이 없었고 아무도 없었다...
그것을 물에 담갔다.
그렇게 나는 강변의 몸을 만졌다.

***추적**

우리는 보트 안에 있다 : 나는 햇빛 안에 있다.
너는 그림자 안에 있다.
나는 윤이 나는 노 위에 있다.
너는 청색 아지랑이 안에 있다.
나의 빛나는 의자
너의 것은 짙은 초록색.

나는 혼자 있길 원하지 않는다.
윤이 나는 노 위에서
밝은 태양에 용감히 맞선다.
거기 앉아 있는 동안
너는 달아나 버린다.

마이크 요한슨

시인, 소설가이자 언어학자로 우크라이나 프롤레타리아 작가동맹 (VAPLITE)에서 가장 주목받은 작가였다. 하르키우에서 성장한 그는 독일어 교사였던 스웨덴인 아버지와 우크라이나인 어머니 사이에서 태어났다. 철학도였던 그는 짧은 생애동안 총 9권의 시집을 펴냈다. '혁명'(1923), '부착물'(1917-1923), '물푸레나무'(1930)등이 있으며 짧은 이야기들로 구성된 '17분'(1925) 등 몇 개의 신변잡기적 미셀러니 등도 저술했다. 1937년 체포되어 강제수용소에서 가혹한 노역을 하였고 같은 해 사망하였다.

*무제

빛 바랜 지붕에
피로 물든 달이 사라진다.
새벽이 오기 전에
시든 어린 수확물을 자를 것이다.

태양은 아직도 얼마나 깊은지
개들이 도시를 향해 으르렁 거린다.
수천마리의 부르짖음!

나는 안다 : 저 위 높은 곳에서 죽는다는 것을 …
순수하고도 푸른 창공 속
나는 도시 위에 매달려 있을 것이다 :
그리고 새벽 별의 차가운 눈을 응시할 것이다.

미콜라 제로프

신고전주의 시인이자 비평가 그리고 사회 활동
가였으며 스탈린치하 탄압받았던 대표적 지식인
이었다. 1920년대 활발한 문학 활동과 토론에
참가하였다. 그의 문학은 러시아가 아닌 서유럽
을 지향했으며 평단에서는 미콜라 흐비로비와
뜻을 같이했다. 1920년에 라틴어 시들을 번역
하였고 1924년에는 그의 시집인 '출산의 여신,
카르멘타'를 키에프에서 출간했다. 1926년 새로
운 시선으로 엮은 비평문학서는 우크라이나 문
학계에 신선한 충격을 주었다. 제로프의 작품들
은 소비에트 연방시절에는 줄곧 금지되었다가
독립 이후에야 빛을 보게 되었다. 동료였던 파
블로 릴리포비치, 미콜라 보로니, 보리스 풀루
렌코 등이 사후에 '소네트' 라는 책을 출간하여
그를 기념하였다. 키예프 대학의 교수로 일했던
그는 1934년 해고당했으며 이듬해 테러리스트
라는 명목으로 체포당한 이후 10년 동안 투옥
되었고 결국 1937년 11월 생을 마감하였다.

*베르길리우스

만투안 시골에서 태어나
팔자 걸음의 검게 그을린 얼굴을 한
농부는 어린 시절부터
자루와 쟁기 그리고 구리로 만든 키를 찬미했다.
그래서 탁월한 명성이 절정에 올랐다.

증오의 불과 연기를 싫어했고
더 나은 시대를 위해 찬가를 불렀다.
불멸의 나라 그곳 온건한 속박속에서
어떻게 시저의 독수리가 평온을 가져왔는지

로마와 카이사르의 업적이 있는 그 시대는 지나갔다.
보라, 역사의 문을 통해 먼지투성이의 죽음은 계속된다.

그러나 베르길리우스는 살아있다.
그에 관한 서사적 나레이션의 울림이
디도의 애가로 우리의 꿈들을 채운다.
깊은 곳에서 총탄과 뱃고동의 소리로

*좌안으로 부터의 키에프

환영한다! 꿈으로 가득 찬 금빛 머리의 키예프을
깊고 푸른 언덕 위에 골똘히 생각에 잠겨 너는 꿈을 꾼다.
너를 위해서가 아니라 다음 세대를 위해
우리의 갑옷 위 찬란한 빛을 아는가?

하지만 영광의 날들은 오래전 과거이다.
수백 개의 소리를 가진 종의 소리가 운다.
너의 종이 울렸던 기쁜 순간이 있었기에
더 이상 번영의 국가는 오지 않을 것이다.

그래도 방랑자는 여기 모래 위에 서 있다.
바로크 돔의 기발한 장식을 봐라.
쉐델이3) 건축한 하얀 기둥이다.

생명이 살아 숨쉬는 푸르고 완만한 언덕
여전히 저력은 숨겨져 있다.
창공은 금으로 덮여 있다.

---

3) Hartmann Schedel. 15세기~16세기의 유명한 독일 건축가

세르히이 쟈단

독립 이후 젊은 세대 가운데 가장 인기 있는
시인이다. 하르키우 태생으로 1992년 데뷔 했
으며 현재 우크라이나 작가 연합의 부의장이다.
문학그룹 '빨간 웨건'의 일원이며, 문학잡지 '위
생'의 공동 편집인이기도 하다. 그의 시풍은 요
셉 브로드스키에 견주기도 하는데 1990년 이후
유행했던 아이러니와 환영적 묘사를 작품 속에
투영시키고 있다. 대표작으로 '빨간 색깔의 타
락(1993)', '유다 장군(1995)', '펩시(1995)' 등
이 있다.

*무제

항상 그랬듯이 모든 것은 정당화 되어진다 -
여행했던 모든 길 그리고 심지어 헛된 것들도
더럽고 휑한 기차역에서
아침 기상을 계획했던 모든 것들도

희망을 안고 사는 고집 센 나방들도
달빛이 비치는 낡은 전등을 마구 부딪친다.
맨발로 도로 위를 걸어왔던
우리의 인생행로도 정당화되어진다.

*무신론

너는 항상 의심을 가지고
다가간다.
마리아에

여기 그의 심장 위에는
고통의 젖이 흐른다.

저기 그 옆에 앉아있는 너,
비바람이 이는 동안 밤사이
얼마나 너의 피부가 의심의 녹으로 타버렸는지
느낄 것이다.

너는 주의 깊게 바라본다.
사제의 입맞춤으로 생긴 상처를
그의 수염으로 볼은 붉게 변했다.

무딘 날의 흔적처럼
그리고 오랫동안 너의 손은
가솔린 냄새로 배어 있을 것이다.
우리의 도시를 불살라 버릴만한 ...

저자약력 – 최승진

한국외국어대학 및 동대학원 졸업 후에 유학하고
우크라이나 사실주의 문학의 작가인 이반 프랑코의
기고문 연구로 국립 바르민스코 마주르스키대학교
(Olsztyn, Poland)에서 문학 박사학위를 취득하였다.
한국학술진흥재단이 주관하는 기초학문연구 분야에
연구원으로서 우크라이나 담당 과제를 수행하였으며
한국문학번역원의 지원하에 역자로서 한국현대단편
문학선집을 자유 우크라이나출판사(Вільна Україна)
에서 간행하였다.
한국동유럽발칸학회 총무간사를 거쳐 현재 한국외대
동유럽 발칸연구소의 책임연구원이며 전공 학부생을
대상으로 우크라이나 문학의 이해, 우크라이나 작가론,
우크라이나 문학비평론 등의 과목을 지도하고 있다.

우크라이나의 젊은 여신들

초판 1쇄 인쇄 / 2012년 11월 11일
초판 1쇄 발행 / 2012년 11월 15일
저자 / 최 승 진
발행인 / 서 덕 일
발행처 / 도서출판 문예림
출판등록 / 1962년 7월 13일 제 2–110호
주소 / 서울 광진구 군자동 1–13호 문예하우스 101호
전화 / 02–499–1281~2 팩스 / 02–499–1283
http : //www.bookmoon.co.kr
E-mail : book1281@hanmail.net

ISBN 978-89-7482-698-7 (13790)